TARLABAŞI
"AYIP ŞEHIR"
"A DEFILED ISTANBUL DISTRICT"

Ali Öz

FOTOĞRAFEVİ

TARLABAŞI: "AYIP ŞEHİR"
TARLABAŞI: "A DEFILED ISTANBUL DISTRICT"
ALİ ÖZ

YAYINA HAZIRLAYAN EDITOR
GÖLNUR CENGİZ

KİTAP TASARIM BOOK DESIGN
FENNİ ÖZALP

ÇEVİRİ TRANSLATION
AKGÜL BAYLAV
PETEK ÇIRPILI
SANİYE BORAN
IŞIL YILMAZ SÜMER

BASKI PRINTING BY
BİLNET MATBAACILIK
BİLTUR BASIM YAYIN VE HİZMET A. Ş.
Dudullu Organize Sanayi Bölgesi 1. Cad. No: 16
Ümraniye / İstanbul -Türkiye
+90 0216 444 44 03

YAYINCI PUBLISHED BY

FOTOGRAFEVİ

FOTOGRAFEVİ YAYINLARI
Şehit Muhtar Bey Cad. No: 22 - Kat: 2
Talimhane - Beyoğlu / İstanbul - Türkiye
+90 0212 249 0202
www.fotografevi.com
fotografevi@fotografevi.com

YAYINCI SERTİFİKA NO: 15733
ISBN 978-9944-720-23-6

BİRİNCİ BASKI MART 2013
FIRST EDITION 2013 MARCH

© Copyright FOTOGRAFEVİ

FOTOGRAFLAR PHOTOS
© Copyright ALİ ÖZ

Tüm hakları saklıdır. Bu kitabın hiçbir bölümü Copyright © sahibinden izin alınmaksızın çoğaltılamaz, elektronik ortamda saklanamaz, elektronik ve fotografik olarak kopyalanamaz ve herhangi bir şekilde yayınlanamaz.
All rights reserved. No part of this publication may be reproduced, stored in a retrieval system, or transmitted in any form or by any means, electronic, mechanical, photocopying, recording or otherwise, without prior permission in writing from the publisher.

Ali Öz, bize bu duvarın arkasını gösteriyor, kapısını kırıyor, derisinin altından hücrelerine giriyor.

Ali Öz shows us behind the wall; smashes its door, enters the cells underneath its skin.

Feyyaz Yaman

Canım anneme

Yolumun 30 yıl önce kesiştiği Tarlabaşı'yla ilişkilerim bugüne kadar hep devam etti: 89 yıkımları, 1 Mayıs çatışmaları, IMF çatışmaları, Kürt meselesiyle ilgili gösteriler ve her türlü toplumsal mücadelede zaten hep buradaydım.

İKSV'nin organizasyonu olan "X evler" tiyatro projesini de Tarlabaşı evlerinde çekmiştim. Tarlabaşı çok iyi tanıdığım, hep gönül bağımın olduğu bir bölgeydi.

2010 yılında bir gün, Tarlabaşı'nın o karmaşık, ama büyüleyici sokaklarında dolaşırken kentsel dönüşüm projesinin burada da uygulanacağını duydum. İşte o anda Tarlabaşı'ndaki kentsel afetin hikayesini mutlaka çekmeliyim diye düşündüm ve o heyecanla yoğun bir çalışma temposuna girdim.

Çalışmaya başladığımda amacım asla rant sağlamaya yönelik bir proje yapmak olmadı. Benim gibi fotoğraf delisi bir adamın tek derdi olurdu, buradaki yaşamı gelecek kuşaklara belge olarak bırakmak; bir anlamda tarihe dipnot düşmek. Bu süreçte Tarlabaşı'nda gördüklerim, bana bu insanlar adına bir şeyler yapmam gereğini düşündürdü.

2002 yılından beri basında çalışmıyorum. Buradaki insanların sesini nasıl duyurabilirim, onlara nasıl yardımcı olabilirim diye düşünürken; sosyal medyayı kullanma fikri bana çok cazip geldi. Doğru bir karar vermiş olduğumu yine sosyal medya üzerinden gelen yoğun ilgi ile anladım. Yazılı ve görsel medya çektiğim fotoğrafları kullanarak benimle söyleşiler yapmaya başladı. Bu çalışmalarımın bir başka hoş tarafı da pek çok genç fotoğrafçı arkadaşın olaya katılmak istemesi, belgesel çekmek isteyenlere örnek olması ve hatta TV dizilerine bile ilham vermesidir.

Ben Tarlabaşı'nda gerçek hayata ve insanlara dokundum, onlarla çoğu zaman hem güldüm hem de ağladım. Sonuçta aramızda güzel bir sevgi bağı oluştu.

Toplamda 30 bin kare fotoğraf çektim. Güvendiğim fotoğrafçı arkadaşlarımla bu fotoğraf seçkilerini yaptık ve seçerken de çok zorlandık.

İlk sergi Beyoğlu'nda Karşı Sanat Galerisinin desteğiyle *Tarlabaşı: "Ayıp Şehir"* adıyla açıldı. İkinci sergi yine İstanbul'da TÜYAP'ta açıldı. Bu iki açılıştan sonra Türkiye'nin pek çok kentinden yoğun davet alan sergi ve gösteri birçok kentimizde gösterildi ve gösterilmeye devam ediyor.

Ben bu çalışmaya başlarken buradaki kentsel yıkımı önleyemeyeceğimi biliyordum, asıl amacım tarihe dipnot düşmekti. *Tarlabaşı: "Ayıp Şehir"* albümünün bu görevi yerine getirdiğine inanıyorum.

Albümün kitaplaşmasında önemli desteği olan Yurtiçi Kargo'ya, bu projede yardımlarını esirgemeyen fotoğrafçı dostlarıma ve çalışmalarımda bütün kahrımı çeken, sabah işe gider gibi beni yolcu edip, gecenin geç saatlerine kadar sabırla bekleyen eşim Sayra Öz'e teşekkür ederim.

Ali Öz

To my beloved mother

Since the first time I wandered through Tarlabaşı 30 years ago, I have always been in a close contact: demolitions in '89, May 1st riots, IMF riots, demonstrations involving the Kurdish conflict and all sorts of social struggle; I was already here.

I also shot the "X homes" project, an IKSV organization, in Tarlabaşı. I have always known and loved Tarlabaşı.

One day in 2010, while I was walking around in the complex but enchanting streets of Tarlabaşı, I heard the urban transformation project would also be applied here. At that moment, I thought that I definitely had to shoot the story of urban disaster in Tarlabaşı and with excitement, I started working very hard.

When I started working, my goal was never to capitalize. A man like me, who is crazy about photography, could have but one worry: to leave the life here to next generations as a document; to leave a footnote in history in a sense. The things I witnessed through this process, made me think I had to do something for these people.

I am not working in press since 2002. As I was trying to come up with ways of helping these people, ways of helping them get heard, the idea of using social media appealed to me. People's interest and intense feedback showed me that I made the right decision. Print and visual media started doing interviews with me using the photographs I took. Another pleasant side of my works has been many young fellow photographers, who wanted to take part, setting examples for those who want to shoot documentaries and even TV shows.

I touched real people and real life in Tarlabaşı; many times I both laughed and cried with them. In the end, a loving bond has been formed.

I took a total of 30.000 photos. We compiled these with my trusted photographer friends and we had a hard time doing so.

The very first exhibition called *Tarlabaşı: "A Defiled İstanbul District"* opened at Beyoğlu with support by Karşı Sanat. The second exhibition was also in Istanbul, at TÜYAP. Following these two openings, many cities have shown a great interest to the exhibition and the show. It was invited to be shown in many cities and the invitations still continue.

When I started to work on this project, I knew that I wouldn't be able to prevent the urban demolition here, but my goal was to leave a footnote in history. I believe that *Tarlabaşı: "A Defiled İstanbul District"* album has accomplished this mission.

I would like to thank Yurtiçi Kargo, my fellow photographers who never withheld their help and my wife Sayra Öz who put up with me throughout this work, who sent me off every morning to my work and waited until late nights for me to return.

Ali Öz

Tarlabaşı: "Ayıp Şehir"

İstanbul'un tam orta yerinde bir semt yok ediliyor!

Semtin dokusunu oluşturan sokaklar, sokaklara rengini veren binalar; konutlar, işyerleri ve orada yaşayan kadınlar, erkekler, çocuklar, gençler… binbir çeşit hayat imha/iptal ediliyor.

Tarlabaşı "soylulaştırma"ya kurban gidiyor!

"Ayıp Şehir", bu imha sürecini tüm canlılığı, hiç de "estetik" olmaya yakıcı gerçekliği önümüze getiriyor.

Yılların fotoğrafçısı Ali Öz, tam iki yıl boyunca Tarlabaşı'nı mesken tuttu.

Kentin ve semtin yaşadığı "imha/iptal" sürecini kare kare kaydetti. Sokak sokak, adım adım.

Azerisinden Pakistanlısına Afrikalısına, Bingöl depreminden İstanbul'a savrulanlardan midye dolmacılara… Kahvehanelerden birahanelere, barlardan pavyonlara "kentsel dönüşüm" adı altında bir anda "buharlaşıveren" Tarlabaşı'nın suretini çıkardı köşe bucak.

Öz, gece-gündüz, yaz-kış tam iki yıl boyunca izlediği, yazgılarına tanıklık ettiği, yaşamlarına eşlik ettiği Tarlabaşı ve sakinlerinden tam 30 bin kareyi objektifiyle kaydetti. Bunlardan küçük bir seçkiyi sosyal medyada yayınlamasıyla, Tarlabaşı gerçeği kitleselleşti.

Şehrin, semtlerin, sokakların, insanların uğradığı ayıp ve kayıpların tanıklığı *Tarlabaşı: "Ayıp Şehir"* albümünde bulacaksınız…

Allan B. Jacobs'un deyişiyle: *"En güzel sokaklar hatırlanabilen sokaklardır. İnsanda güçlü, kalıcı ve olumlu izler bırakırlar. Bir şehri düşünürken, bu yaşadığımız şehir de olabilir, aklımıza hemen belirli bir sokak gelir, orada olmayı arzularız; işte böyle bir sokak unutulmazdır (...) Böyle sokaklar fayda sağladıkları kadar neşe de saçarlar. Eğlencelidir, herkese de açıktırlar. Tanınmanızı sağladıkları kadar anonimliğe de izin verirler. Geniş sokaklar bir toplum ile tarihinin sembolleridir; toplumsal hafızayı temsil ederler."*

Kentsel, tarihsel, toplumsal sembollerimiz/hafızamız imha edilirken yeniden bakıyoruz kayıplarımıza, ayıplarımıza!

Tarlabaşı: A Defiled Istanbul District

Right in the heart of İstanbul, a neighbourhood is being torn down!

The streets that make up the physical fabric of the neighbourhood, the buildings that give colour to those streets, its houses, its workplaces, and the men, women, and children who live there... a thousand and one varieties of life are being destroyed/annulled.

Tarlabaşı is being sacrificed in the name of "gentrification"!

Tarlabaşı: A Defiled Istanbul District brings us face to face with this process in its all vividness, a poignant reality which is hardly aesthetic.

Ali Öz, a veteran photographer, practically lived in Tarlabaşı for two years. He has recorded the "destruction/annulment" process that the city and the neighbourhood have suffered frame by frame. He has revealed on every corner the face of Tarlabaşı, which has suddenly just been "vaporised" in the name of "urban renewal", street after street, step by step - from the Azerbaijani to the Pakistani and the African; from those who sought refuge in İstanbul after the Bingöl earthquake to the stuffed mussels sellers; from the coffee-houses to the beer-houses, bars and cheap night clubs.

Through his lens, Öz has captured more than thirty thousand images of Tarlabaşı and its residents, whose lives he accompanied and whose destinies he witnessed for exactly one and a half years, day and night, in the hot and in the cold. After a small selection of his work was published on social media, the reality of Tarlabaşı became publicly known.

Tarlabaşı: A Defiled Istanbul District, is a witness to how the city, neighbourhoods, streets and people have been defiled and lost.

Allan B. Jacobs says, *"The best streets are those that can be remembered. They leave strong, long-continuing positive impressions. Thinking of a city, including one's own, one might well think of a particular street and have a desire to be there; such a street is memorable... The best [streets] are as joyful as they are utilitarian. They are entertaining and they are open to all. They permit anonymity at the same time as individual recognition. They are symbols of a community and of its history; they represent a communal memory."*

While our urban, historical and communal symbols and memories are being destroyed, we look once again upon our losses and our disgrace.

Ayıp Şehir

İstanbul kendi depremini beklemiyor. İstanbul kendi depremini, tsunamisini yaşıyor. Zemini sıvılaştı; Sulukule, Fikirtepe, Başıbüyük, Tarlabaşı, Taksim obrukları ayağımızın altından halı çekilircesine kayıyor. Kara delik teorileri gibi, maddenin negatif-karşı maddeye dönüşünü izliyoruz. Maddenin fiziksel değişimi, gerçek ama algılanması metafizik bir paradoks. Daha doğrusu maddenin, sinir uçları, nöronlardan ve kimyasal-elektriksel aktarımlardan geçerek algılanıp beyin hücrelerindeki yansıması ve ilişkilendirilmesi süreçleri, dolayımlı hale getirildiği zaman ilk karşılaşma krize dönüşüyor. Katı olan buharlaşıyor ama buharı ilk algılamamızda bunu bir fizik olayı olarak değil metafizik, mistik bir açıklamayla kabul edilebilir hale getiren bir biyo yapımız var. Aslında maddenin dönüşümüne paralel, "bildiğimiz dünyanın" dönüşümünü eş zamanlı yaşıyoruz. "Bilme" sürecini kendi doğallığı içinde veya eğitim –öğrenme sosyalliği içinde geliştirme donanımına sahip olabilse, her organizma bu diyalektik dönüşümü sıkıntısız içselleştirebilir. Çocuk beden ateşle ilk karşılaştığında yanma duygusunu önce yanarak yaşamak durumunda değildir. Ama iş radyoaktif virütik, vs. gibi görünmez– yani bildiğimizin dışında bir kodda başımıza gelince iş karmaşık ve dolayımlı hale geliyor, kavranması "yakıcı" oluyor.

Geçen yüzyılın algı bozan unsuru, Marks'ın söylediği gibi işçi sınıfının "bir hayalet" gibi dolaşan ruhuydu. Şimdi üzerimize çöken ise Adam Smith'in yeniden hortlamış "Görünmez Eli".

Paranın, neoliberal dünya üzerinde uzanan o soyut varlığı, bildiğimiz dünyayı parçalıyor, bozuyor, yeniden kuruyor. Bu senaryoya yani Mars'lıların gelişine Hollywood filmleriyle alıştırılmıştık, oysa kavrayamadığımız mavi ekrandaki sanallığın maddi hayattaki yansımasını işaret ettiği gerçeklik hayaliydi. Onu da "yanınca" algılıyoruz. "Yersiz yurtsuz" akışkan sermaye küremizi sarıyor, şehirlerimize giriyor. Paris-Hausmann 1860 modeli yakıp yıkıyor, malların girmesi, hammadde ve işlenmiş ürünlerin (metanın) çıkışı, limanlara ve başka merkezlere gidişi için her türlü kolaylaştırıcı ve hızlandırıcı teknoloji işleme sokuluyor. Metro ise metro, havaalanı ise daha büyüğü, hızlı tren, yollar, arabalar, telefonlar, bilgisayarlar ışın hızına dönüştürülüyor. Para metaya, meta paraya dönüşüyor. AVM lerde raflar, vitrinler dolup boşalıyor. Alışveriş sepetleri büyüyor, görünmeyen el, el çabukluğuyla cebimizdekini (bu günkü bedenimizi) kredi borcu ile yarınımızı (görünmeyen sonraki bedenimizi) çalıyor, yok ediyor. İnsanlar yanıyor, ölüyor, intihar ediyor, cinnet geçirip öldürüyor. Ama maddenin fizik hali devam ediyor. Para bir yerde birikiyor, yükseliyor, kristal kulelerin arkasında yeni organizmalar oluşuyor.

Sonuç net, önceden algılayamazsak yaşayarak öğreniriz. Ateş yakar; ister buzdan, ister lazerden, ister çelikten olsun, bıçak-keser.

Aradaki ilişki net. İlişki–sel değil. Biyo organizmanın yaşadığı "ölme" hali, dil oyunları (sanat ve retorik, siyaset) ile istediği algı-kavrama bozukluğunu yaratsın, ne yaparsa yapsın sonuç: Var mısın? Yok musun? yarışması. Bu anlamıyla bedenin "yersiz yurtsuz kalması" sınırın, duvarın, varlıkla – ölüm çizgisi gibi net hali, tarihsel, maddi ve bedensel bir gerçeklik.

Bu duvar, Berlin'de yıkılan "demir perde" değil. Bu duvar Gazze'de, her metropolde, her mahallede, her gün kurulan, beton, galvaniz, saç, MDF, sunta inşaat duvarı, perde beton utanç duvarı. Bu duvar kurtarılmış sitelerin güvenlik duvarı, bu duvar insanların birbirine dokundurtmayan iletişimsizlik duvarı, korku duvarı, yıkım duvarı.

Ali Öz, bize bu duvarın arkasını gösteriyor, kapısını kırıyor, derisinin altından hücrelerine giriyor. "Yaşayan" varlığın etine, kanına, soluğuna, sesine, tenine dokunuyor. Yaşama tutunuşunu, organizmanın her şeye rağmen yaşama tutkusunu bize hissettiriyor.

70'li yıllardan beri, her yıkımın, her sosyal çatışmanın, hakikatin her haykırışının yanında karşılaştığınız bir şahittir, Ali Öz. Her olayın sıcaklığından objektifi buğulanmıştır. Kadrajları insan kokar. Detayın değil çelişkilerin arayıcısıdır. Risk alır, sorumluluk taşır. Hiçbir önyargıya taviz vermez. Belgeselciliğin, haber fotoğrafçılığının sanatını yapar. Tarafsız değil objektiftir. Satışa gelmez. Yakaladığı konuyu, önce hakikatini taşıyabileceği noktadan tartar, estetize etmez. İnsan odaklıdır. Unutulmuş değil, gösterilmeyenin peşinde koşar. Adalet arayışının navigasyonudur. Tatmin oluncaya kadar delil arar. Asla bir flanör değildir. Onun için üçüncü göz tanrısaldır. Hakikat adına alır, adalet adına dağıtır.

Ya sokaktadır, ya da internet başında. Çekerken hak arar, paylaşırken değil. Sanat satmaz.

Kurmaca dünyanın dil oyunlarını yapay duvar estetiğini delip geçiyor. Ali'nin çektiği çizgi, Beyoğlu aksındaki hastane kılıklı ölüm kalım estetik polikliniklerinin beyaz duvarları ile Tarlabaşı'nın ölüme rağmen yaşam kokan rengarenk kirli paslı ama hakiki dünyası arasındaki fark kadar kesin ve gerçek. Burada yalan bile hakiki. Burada Kürt, Arap, Çingene, ülkücü, devrimci, Süryani, Alevi, Ortodoks, Müslüman, Sudanlı, Nijeryalı, İngiliz, polis, hırsız, katil, kedi, köpek, horoz, travesti hepsi hakiki. Herkes Metin Kaçan, herkes Küçük İskender.

Ali'nin Tarlabaşı'nda her sabah doğulur, her gün işe gidilir, her akşam rakı sofrası kurulur, her gece ölünür. Burası Mumbai'de gecekondular, Rio'da slamlar, Meksika'da 21 gramlar, Chiepaz'da Marcos'lar... Tüm dünyanın lanetlileri burada, gecelerimizin kabusu, filmlerimizin zombileri, grevlerimizin işçileri burada. Gecenizde klarnet çalan, sigaranızı arabanıza getiren, masanızda göbek atan, çöpünüzü toplayan biziz. Yok edemezsiniz, söküp atamazsınız, gölgeniz, bilinç altınız biziz, 1 Mayıs'ta, Newroz'da hep buradayız. Dövüş kulübünde buluştuğunuz öteki benliğiniz, alter egonuz, sürdürülebilir "organik" insanlığınız biz.

Bazen midye dolma, kokoreç, bazen bıçak, bazen de hakikat yersiniz. Korkmayın Ali'nin insanlarına dokunun, ilişkiniz, sanatınız, estetiğiniz gelişir. (bir şartla: sel-sal eki yok!)

Feyyaz Yaman

A City Defiled

İstanbul does not await its own earthquake. It enacts its own earthquake, its own tsunami. The ground is liquidified, Sulukule, Fikirtepe, Başıbüyük, Tarlabaşı, Taksim sinkholes collapse; like a carpet pulled from under our feet. Like theories of black holes, we witness the transformation of matter to negative antimatter. The physical change of matter is real but its perception is a metaphysical paradox. In reality, the indirect process of reflection that involves nerve-ends, neurons and chemical-electrical transference in the brain cells and the associative network that is involved in the perception of the matter, reactions turns into crisis. What is solid vaporises but our imminent perception is not of a physical one; our biological set up takes comfort in mystical explanations.

In fact, parallel to the transformation of the matter, we go through the transformation of the world "as we know it." If only "cognitive" processing could be developed spontaneously through education and social learning, each organism could internalize this dialectic transformation without any problem. Child body, when encounters fire for the first time, need not find out about burning through direct experience. However, when the fire is invisible as in radioactivity or viral cases, in any other code than the ones we know, the situation becomes more complex and therefore, building awareness becomes more caustic.

Last millenium's main distortion of perception, as phrased by Marx, was the spirit of working class that haunted us. What is now consuming us is the re-emergence of Adam Smith's "invisible hand".

The abstract presence of money in neoliberal world, smashes, distorts and reconstructs the order we know. We were accustomed to this Martian invasion scenario through Hollywood movies but what we could not grasp then was the virtualness on the blue screen that in fact, was an illusion of reality that existed in everyday life.

We become aware when we get "burnt". Homeless, liquid capital wraps around our globe; invades our cities. Paris- Hausmann 1860 model smashes and burns, enabling technology is used to expedite transport of goods, raw material and finished products in between ports and other centers.

If subway is needed then subway, if airport needed a larger one, faster trains, roads, cars, telephones, computers turn into speed of light. Money turns to goods, goods turn into money. Shelves at the malls, showcases fill up and get emptied with speed. Shopping carts get bigger, invisible hand quickly and artfully empties our pockets (our bodies today), steals and destroys our tomorrow (our invisible next-bodies) through loans. People get burnt, die, commit suicide and insanely kill others. Money piles up somewhere, accumulates, and behind these crystal towers, new organisms shape up. The result is clear; what we do not perceieve beforehand, we have to live and experience directly. Fire burns, be it out of ice, laser or steel; knife cuts.

The interconnection is clear. Not a case of cause and effect. The case of "death" the bio-organism experiences; no matter how much the rhetoric (in art or politics) distorts the perception through its play with words, is a race of "to be or not to be." From this perspective, "homelessness" of the body is a historical, material and physical reality symbolised with the wall that stands as the flat line that defines the border between existence and death.

This wall is not the "iron curtain" that tumbled down in Berlin. This wall is in Gazza, in every metropol, every neighborhood. It is erected everyday out of cement, galvanised metal, MDF, hardboard; construction walls; concrete walls of shame. This wall is the safety wall that surrounds real estate ventures; this is a wall that keeps people from touching each other; a wall of incommunication, of fear and deconstruction.

Ali Öz shows us behind the wall; smashes its door, enters the cells underneath its skin. He touches the flesh of this organism; touches its blood, breath, voice and its skin. He makes us feel the way the organism holds on to life and its passion for life despite everything against it.

Since the 70s, Ali Öz has been a witness in the middle of every social clash, every demolition, every time the truth cries out loud. The of heat of every event puts a mist on his lens. His frames smell of humanity. He is not after the details but after the conflicts. He takes risks, carries responsibility. He does not give in to any prejudice. He makes photo journalism an art. He does not take a neutral stand but he is objective. He cannot be sold. He weighs his subject from the point-of-view of the truth and he does not try to add aesthetics to it. He focuses on people. He is after the unexposed and not the unforgetten. He navigates towards search for justice. He looks for evidence until he is satisfied. He is never a flâneur. For him, the third eye is divine. Takes gathers the truth and spreads it in the name of justice. He is either on the streets or in front of the Internet. He seeks justice when shooting photos, not when he is sharing them. His does not sell his art.

He pierces through the rhetoric and artificial aesthetics of the make-believe world. The line Ali draws, on the axis of Beyoğlu, is as certain and real as the difference between white walls of the the hospital-like aesthetic clinics and the colourful, dirty and vibrant colours of Tarlabaşı that reek of life despite all deathly odds. Here even lies are real. Here Kurdish, Arabic, Roman, idealist, revolutinist, Assyrian, Alevite, Orthodox, Muslim, Sudanese, Nigerian, British, police, killer, cat, dog, rooster, gay are all real. Every one is Metin Kaçan, every one is Küçük İskender.

In Ali's Tarlabaşı, one is born every morning, one goes to work every day, one sits at a rakı table every evening and one dies every night. Here are the slums of Mumbai, Slams of Rio, 21 grams's of Mexico, Marcos's of Chiepaz, all the condemned of the world are here, nightmares in our sleeps, zombies in our movies, workers in our strikes. We are the clarnet players in your night, cigarette sellers by your car window, bellydancers on your table, sanitary workers that sweep your trash. You cannot get rid of us, we cannot be dislodged; we are your shadow, your subconcious. Do not be afraid to touch Ali's people; as a result, your communication skills, your aethetics, your art will improve.

Feyyaz Yaman

Gülümseyin, yıkıyorum!

"Her şey bir fotoğrafta son bulmak için var olur."
Susan Sontag

En basit cep telefonlarının bile fotoğraf çektiği bir zamanda yaşıyoruz. Günümüzde anlamlı anlamsız her şey, hemen her ayrıntı, yaşanan her an fotoğraf karesine dönüşmekte özgür. Fotoğraflar sosyal paylaşım sitelerini boydan boya süslüyor. Paylaşılıyor, yorumlanıyor, "beğen"iliyor. Böyle bir ortamda yaşam olduğu gibi fotoğraflarla belgeleniyormuş, hiçbir ayrıntı karanlıkta kalmıyormuş yanılgısına kapılabiliriz. Hâlbuki insanlar önlerine gelen tabakları, mezeleri, doğum günü pastalarını, kuma bastıkları ayaklarını, kedi köpeklerini ölümsüzleştirirken dışarıda bir yerlerde fotoğrafın yeni-şirin-filtreli dünyasına giremeyen kara delikler büyüyor. Gerçeklikle ilişkisi bulunmayan masif bir tiyatro dekoruyla yer değiştirerek yanı başımızda imha edilen Tarlabaşı gibi.

Ali Öz'ün sarsıcı hatta yıkıcı Tarlabaşı fotoğraflarına Facebook lunaparkında rastladığımda bunları hissetmiştim. Usta bir fotoğrafçının, eserlerini Facebook gibi lakayt bir ortamda sergilemesi "ciddi" sanatçılar tarafından eleştirilecek bir tutum olabilir. Oysa işin tam da mecrası burası… Zevzek karelerin arasına gizlenip bakanın boğazına düğüm üstüne düğüm, gözüne yumruk üstüne yumruk atan bu acayip görüntüler paylaşılamayacak kadar tekinsiz, yorum yapılamayacak kadar keskin, "beğen"ilemeyecek kadar iyi…

HEM BELGESEL HEM SANATSAL

Ali Öz'ün Tarlabaşı fotoğrafları kapanmakta olan bir dönemi tüm ayrıntılarıyla gözler önüne seriyor. Belgeyle sanat arasında tuhaf bir tonu var bu fotoğrafların. Bir yanıyla çağdaş sanat müzesinde sergilenecek kadar çarpıcı bir yanıyla da kelimelere sığmayacak bir dönemi belgeler nitelikte. Büyük boyutlarda basılıp fotoğraf sergisine yerleştirilse sanatsal içeriği ön plana çıkacak, gazeteye basılsa belge yönü ağır basacak kareler.

Fotoğrafın sanat aracı olmasının yanında belgeleyici niteliğine Serkan Dora "Büyüyen Fotoğraf Küçülen Sosyoloji" kitabında (Babil Yayınları) değinir. 1871 yılında Paris ayaklanmasındaki eylemciler fotoğraflarının çekilmesine izin vermemeyi akıllarından bile geçirmemişlerdir. "Çünkü çektirdikleri fotoğrafların onların tutuklanmasına hatta ölümlerine sebep olacağını tahmin edememişlerdir. Tarihte bir ilk yaşanmış ve fotoğraf onları suçlu durumuna düşürmüştür." Tarlabaşı fotoğraflarındaki belge niteliğiyse kimseyi suçlu durumuna düşürmeyen ama bakanın içine tuhaf bir suçluluk duygusu yerleştiren türden.

Yıllardır önünden geçip gittiğim, ender de olsa sokaklarına girip çıktığım, kaybetmek üzere olduğum bir caddenin belgeleri önümde. Kırık dökük, paramparça… Mış gibici modernizmden nasibini alarak gerçek bağlamından bütünüyle koparılarak sürprizsiz bir yere dönüşmenin arifesinde olan Tarlabaşı'nı böyle hatırlamak üzücü. Kırık camların arkasından bakan semtin yorgun sakinleri… Sanki binalarla birlikte yıkılıp gidecekler. Burada yeni bir sayfa açılacak; onlar geride kalacaklar. Kirli sakallı trans bireyler, eşofman altlı hayat kadınları, dikkat köpek var yazılarına karışmış bira fiyatları… Terk edilmiş, kel kalmış perukçular… Ali Öz'ün kalıntıların arasından topladıkları… Bataklık dibinden taş toplar gibi.

MARJİNAL DÜNYA PAKETLERİ

Bu fotoğraflara bakarken lüks semtlerdeki 'drag queen' canlandırmalı malum eğlence mekânları geliyor aklıma. Şirket toplantılarının düzenlendiği, kına gecelerine ev sahipliği yapan yerler. Güler yüzlü trans bireylerin hesaplı bir çılgınlıkla, öngörülebilir bir tekinsizlikle, sınırları belirlenmiş bir marjinallikle etrafta dolaştığı bu ortamlar; hemen yanı başındaki semtteki gerçeğini stilize ederek yeniden kurguluyor postmodern zamanların sinsiliğine yakışır bir biçimde. Ziyaretçileri de hem marjinal olana ne kadar açık olduğunu gösterme fırsatını buluyorlar hem de konforlu bir mekanda "çatlak" halleriyle gurur duyarak bu uçarılıklarının, çılgınlıklarının tadını çıkarıyorlar. Ziyaretçilerine uzaylı gözüyle bakıldığı gerçeğine tahammül edemeyenlerin simülasyonunu yaşamak için gittikleri yerler bunlar. Kapısında güvenlik görevlileri olan marjinal dünya paketleri. Vahşi hayatın hayvanat bahçelerindeki gibi sunulması...

Marjinal hayatlar, salaş mekânlar sosyetenin ağzından düşmeyen kavramlar. Ama işte Ali Öz'ün fotoğraflarında bu tanımların stilize edilmemiş, kahredici bir gerçeklikle haşır neşir olmuş halleri var. Moda olan versiyonlarının bilinçaltı gibi buradaki salaşlık ve marjinallik. Her iki dünya da internette buluşmuş durumda. Yıkılan Tarlabaşı fazla uzakta değil, İstiklal Caddesi'nin hemen yanında. Yıkılan Tarlabaşı'nın fotoğrafları fazla uzakta değil, Facebook'ta "yıkılan" parti fotoğraflarının hemen yanında.

SOYUT DÜNYADA SOMUT YIKIM

Orhan Kemal yazmış olmasaydı bir dönemin kahvehanelerindeki, kenar mahallelerindeki, fabrikalarındaki konuşmaları bilemeyecektik. Tarihin yazmadığı bu diyalogları Orhan Kemal gibi romancılar kayda geçirdi. Bu somutluk duygusu Ali Öz'ün fotoğraflarında da var.

Gisele Freund, "Fotoğraf ve Toplum" kitabının (Sel Yayıncılık) "Dönemin sanatçılarının fotoğrafa karşı tavırları ve akımlar" bölümünde bu nostaljik tartışmalara değindikten sonra "Basın fotoğrafçılığı" bölümünde fotoğrafın basın alanına girmesiyle kitlelerin dünya görüşünün nasıl değiştiğini ayrıntılı biçimde anlatıyor. Bu gerçekten de önemli bir gelişme. O güne kadar kendi sokağında, mahallesinde gerçekleşen olayları gözünde canlandırabiliyordu herkes. Fotoğrafla birlikte dünyayı görmeye başladık. Sınır dışında gerçekleşen olaylar yakınımıza taşındı. Ve bakışın genişlemesiyle birlikte dünya küçüldü. Gisele Freund'a göre yazılı sözcükler soyuttur ama fotoğraf içinde yaşadığımız anın somut yansımasıdır. "Uçak düştü" cümlesi soyuttur. Düşen uçağın fotoğrafı somut... Bu durumda "Tarlabaşı yıkılıyor" lafı soyuttur. Ali Öz'ün fotoğrafları somut...

GERÇEĞİ BURUŞTURUP ATAN İMAJLAR

Kevin Robins, "İmaj" isimli kült kitabında (Ayrıntı Yayınları) imajların gerçek dünyadaki anlamlarından bağımsız olarak üretildiği bir dünyada yaşadığımızı iddia eder. Robins'e göre modern yaşamda artık imajlar gerçekliğin aracısı olmaktan çıkmıştır. Gerçeğin sorunsallaştırılması üzerine kurulu postmodern dönemde her görsel malzeme potansiyel bir tuzaktır. Bu noktada da fotoğrafın belgeleme özelliğinde ciddi bir sapma gözlenir. Gazeteciler nasıl demeçleri saptırabiliyorsa görsel alanda da gerçeği benzer bir refleksle saptırabilmektedir.

Körfez Savaşı'nı petrolde yüzen bir karabatak kuşla kartpostallaştırmıştı ABD medyası. Sonradan bu fotoğrafın ABD'de bir stüdyoda çekildiği ortaya çıkmıştı. Savaşın böyle algılanması isteniyordu çünkü. Bir tür dramı melodrama çevirme hevesi... Politik soru işaretlerini bastırma çabası... Stüdyo ortamında hazırlanan kurmaca fotoğrafların gerçeği temsil etmesine Irak savaşında da tanık olduk. ABD'li bir yetkili Irak askerlerinin teslim olduğu bir sahneyi stüdyoda fotoğrafladığını itiraf etti. Böylece basında kullanılan fotoğraf, ilk başlarda saf ve objektif bir belgeleme aracıyken, günümüzde şeytani ve sübjektif bir yönlendirme aracına dönüştü. Ali Öz'ün fotoğraflarında ise, genel eğilimin aksine, imajlar gerçekliğin ta kendisi.

Hakan Bıçakcı

Smile, I'm tearing you down!

"Today everything exists to end in a photograph."
Susan Sontag

We live in a day and age when even the most primitive mobile phones can take photographs. These days everything, almost every detail, whether meaningful or not, is there to be captured on a square of film. Photographs are displayed left, right and centre on all social media sites. They are shared, commented on and "like"d. In such an atmosphere, one might be under the illusion that life is documented fully and realistically and that no detail remains unexposed. But as people immortalise the plates put in front of them, the mezzes and birthday cakes, their footprints in the sand, their cats, their dogs, spaces and black holes grow somewhere out there which are not filtered or softened by the world of photography. Just like Tarlabaşı which has been demolished in front of our very eyes and now looks as if it has been replaced by a massive theatre stage set.

These were my feelings when I first saw Ali Öz's shocking, even devastating photographs in the circus of Facebook… "Accomplished" photographers may be critical of the fact that a master photographer such as Ali Öz has exhibited his work on a slapdash medium like Facebook. But this is exactly the crux of the matter… These unusual frames hidden between silly photos, putting lump after lump in the throat of the observer and delivering shock after shock to their eyes are too uncanny to be shared, too pungent to be commented on, too good to be "like"d…

DOCUMENTARY AS WELL AS ARTISTIC

Tarlabasi photos by Ali Öz display an era in all its many facets, an era that is ending… These photos have a strange tone or feeling somewhere between a documentary and an art form. On one hand they are so striking that they can be exhibited in a contemporary art gallery and, on the other, they document an era in a way that is too overwhelming for words. These frames are such that their artistic features would come to the forefront when enlarged and displayed in an art exhibition and their documentary content would be explicit if they were printed in a newspaper.

In his book "Büyüyen Fotoğraf Küçülen Sosyoloji" ("Growing Photography Diminishing Sociology" – Babil Publishers) Serkan Dora discusses how photography can be a means to document as well as a form of art. In 1871 the activists in the Paris Commune did not even contemplate not giving their permission to have their pictures taken. "Because they could not think that these pictures may lead to their arrest, even death. This event was a first in history where photography was used as a means to incriminate them." The documentary nature of the Tarlabaşı photographs, however, is such that it does not incriminate anybody as such but gives the viewer a peculiar sense of guilt.

In front of me is the documentation of a street which I am about to lose, a street I have passed by for many a year and the side streets I have visited, albeit rarely. Shattered, in pieces. It will be sad to remember Tarlabaşı in this way when, as part of a so-called modernisation, it is being ripped from it's real context and is about to be transformed into a dull place without personality. The weary faces behind broken windows… As if they will be demolished together with their homes… A new page will be opened here and they will be left behind… Transsexuals with their stubble, sex workers in their trainer bottoms, beer price signs interspersed with "Beware of the dog" notices… Hairless mannequin heads in abandoned wig maker shops… These are some of the items Ali Öz has captured in the rubble… Just like collecting stones in a swamp.

MARGINALISED WORLD PACKAGES

While perusing these photographs, I can't help thinking about the hot-spots with 'drag queen poses" in posh districts; those venues where business gatherings and henna nights are held. Those environments where friendly, "debonair" transsexual individuals roam with an air of calculated craziness, a predictable sense of unsafeness and a defined marginality, insiduously reconstruct in a stylised way the reality next-door to them befitting the insiduousness of post-modern times. And its visitors not only find an opportunity to show how accommodating they are towards what is at the "fringes", they also enjoy their experience of weirdness in a comfort zone. These are places where people go to experience being looked at as if they come from outer space. A marginal world with bodyguards at the gates. Where wild life is presented as though in a zoo…

"Life on the fringes", "spit-and-sawdust places" are concepts the upper crust talks about all the time. However, in Ali Öz's photographs, these concepts are depicted in a non-stylised way, mingled with an agonizing reality. Being dilapidated and marginalised here is like the subconsciousness of their fashionable versions. Both worlds have met on the internet. The demolished Tarlabaşı is not far at all, it is just next to İstiklal caddesi. The photographs of the demolished Tarlabaşı are not far at all, they are just next to the photographs of the "wrecked" party people on Facebook.

A CONCRETE DEMOLITION IN AN ABSTRACT WORLD

We would never have known what people of a certain period talked about in coffeeshops, in ghettos, in factories had Orhan Kemal not written about them. These dialogues, not recorded in history, were recorded by writers such as Orhan Kemal. The same sense of concreteness also exists in Ali Öz's photographs.

In the Chapter entitled "Attitudes Of The Period's Artists Towards Photography And Movements" in her book "Photography and Society" (Sel Publishers), Gisele Freund touches upon these nostalgic conversations. Later on, in the chapter on "Press Photography" she discusses in great detail how the public's world outlook has changed with photography becoming part of the press. This is indeed a very important development. Until that time, everybody could only visualise what happens in their own street, in their own neighbourhood. With the advent of photography we started seeing the world. Events happening over the borders were brought near to us. And as our view broadened, the world got smaller and smaller. According to Gisele Freund, written words are abstract but photography is the concrete reflection of the moment we live in. "The plane crashed" is an abstract sentence, but the photograph of the fallen plane is concrete. In the same way, to say that "Tarlabaşı is being demolished" is an abstract expression whilst Ali Öz's photographs are concrete and very, very real…

IMAGES THAT DISTORT THE TRUTH AND DISCARD IT

The US media depicted the Gulf War with a cormorant swimming in petrol. Later on it emerged that this photo had been taken in a studio. Because they wanted the war to be perceived like this. A sort of fantasy to convert a drama into a melodrama… An attempt to suppress political question marks… We have seen the same deceitful approach also in the Iraq war. A US offical confessed to having taken the picture in the studio which portrays a scene where Iraqi soldiers are shown surrendering. So the photograph used in the press, which initially used to be a tool of pure and objective documentation, has become a devious and subjective way of distorting the truth. In Ali Öz's photographs, however, the images are nothing but the truth…quite contrary to common belief…

Hakan Bıçakcı

Değerli bir belgesel

Ali Öz öğrenciliğinden bu yana izlediğim usta bir gazeteci ve fotoğraf sanatçısıdır.

Tarlabaşı'nda kentsel dönüşümün uygulanmasına geçilirken orada yaşayanların sorunlarını, endişelerini, isteklerini bir toplumsal gözlemci olarak saptayabilmek konusunda kentbilimcilere, toplumbilimcilere yararlı güzel bir kaynak bırakmıştır.

Bu tür alanlarda böyle bir çalışmayı yürütüp başarılı olabilmek için orada yaşayanların güvenini kazanmayı bilmek gerekir. Bu başarısında, onun orada yaşayanları dışlamayan, onlardan biriymiş gibi davranan kişiliğinin büyük rolü olmuştur. Bu açıdan araştırmacıların kendisinin davranış ve iletişim uygulamalarını örnek almalarında yarar vardır.

Orada yaşayan halkı dışlayarak, onların katılımını sağlamaksızın yürütülen kentsel dönüşüm projelerinin; yöneticilerine, siyasilere, bu yasanın ve uygulamaların en eksik yönünü ortaya koyması açısından da bu belgesel ayrı bir değer taşımaktadır..

Ali Öz'ü bu değerli belgeseli kentbilimcilere, toplumbilimcilere, mimarlara, kent plancılarına ve tüm kentseverlere kazandırdığı için yürekten kutluyorum.

Prof. Dr. Cevat Geray

A invaluable documentary

Ali Öz is a master journalist and a photo artist whom I have followed since he was a student.

As the transformation of Tarlabaşı was taking place, he did his share as a social observer by reflecting the problems and desires of the people living there and provided a useful source for social researchers and urban planners.

To be able to complete such a task successfully, one has to find ways to gain the respect and trust of the people living there. He owes his success to his attitude and personality that made him easily blend in and commiserate as one of them. Researchers have a lot to learn from his communication skills.

This documentary also has symptomatic value for the administrators and politicians since it is a clear exhibit of how the projects of urban renewal should treat the often dismissed and ignored residents of the district undergoing change and the shortcomings of the legal proceedings.

I send my heartfelt congratulations to Ali Öz for providing this valuable documentary that will be a useful source for sociologists, urban planners, architects and all those who love this city.

Prof. Dr. Cevat Geray

Tarlabaşı'nda bir beyaz kedi olmak...

Bildiğiniz Tarlabaşı yok ediliyor... Bu şehrimizin yaşlı kalbi için travmatik bir darbe. "Gentrification" deniyor buna. Tam sözcük çevirisi ile "soylulaştırma". "Gentry" (kibar, paralı beyler) hoyratça gelip vaktiyle kendisinin olanı geri alacak... Peasantry (Parasız, topraksız köylüler) yine yerlerinden sürülecek, gidip şehrin dış çeperine sığınacak... Kimbilir, yüz yıl sonra belki yine aynı gidiş geliş yaşanacak. Bir nevi şehrin nefes alıp vermesi gibi bir şey bile olabilir sanki...

Yerinden sürülüp çıkarılan insanlar, "gentry"nin vaktiyle terk edip gittiği eski binalara, şehir dokusu içinde dökülen eskinin merkezi mekanlarına zaten hiç bir şey "tüketemedikleri" için sığınmışlar ve bir yaşam kurmuşlar. Hummalı bir "toplum mühendisliği" çabası sayesinde evleri bir kez daha ellerinden alınıyor. Zaten dar-ı dünyada hiç bir yer kaybedenlere ait değildir. Hiç bir şey onların değildir bu dünyada; kendilerinden başka hiç bir şeyleri yoktur.

Ali Öz'ün Tarlabaşı fotoğraflarına bakıyorum saatlerdir. Hiç tanımadığım, hiç bilmediğim ama sözcüklerini seçebildiğim için çok da yabancı gelmeyen, tahminlerime, varsayımlarıma dayanarak yorumlamaya çalıştığımda, beni yüzüstü bırakan bir dünya bu... Biraz Amores Perros, biraz Biutiful, çokça Ağır Roman. O filmleri seyrederken hangi duygulara kapılmış isem, bu fotoğraflar da bana aynı duyguları yaşatıyor. Mislisiyle... Çünkü ucu yüreğime bağlı, birazı da bende olan; benden, bizden, sizden çok şeyler var onlarda.

Bu usta işi fotoğraflara bakarken İstanbul'da bembeyaz bir sokak kedisi gibi hissediyorum kendimi...

Sıcak evinin camından sokağa bakan... Ama öyle bir şey de var ki içimde, hani kader bir an için, bir yerde aleyhimde tökezlemiş olsaydı, o barda, masa üzerinde fotoğrafçıya poz veren beyaz kedi ben olabilirdim.

Fotoğraflara yapılan yorumlara baktığımda çoğu insanın "Ah canıım, yazık" yorumlarına saplandığını, bir kısım insanın ise "Elitizm iyi bir şey değil!" diyerek onları azarladığını gördüm. Bir kısım insan ise sadece resimlerdeki kedileri görmüş, onlara "Ah canıım..." demişler. Ne ilginç değil mi? Tam bir psiko-sosyal inceleme konusu olur bu yorumlar.

Ali Öz içine daldığı dünyalara sevgisiz kal(a)madan yorumlamış Tarlabaşı'nı. Usta bir foto muhabiri olduğundan, yorumlamadan sunmuş. O andaki durumu yansıtmış; mesleki bir alışkanlıkla. Bu yüzden bir çoğumuzun içine işledi kareleri. Bir kısmımız da "Yazık yazık... Ah canıım..." dediler... Bir kısmımız da onlara kızdılar. Bir kısmımız sadece beyaz kedileri gördüler karelerde... Yine de iyi oldu bu tartışma... En azından varlıklarının farkına varıldı; kısa bir süre için bile olsa. Ali Öz'ün de yapmak istediği tam bu olsa gerek. Bakın ne demiş bir röportajda:

"Bütün bu heyecanlar, koşturmacalar niye? Çünkü yaptığım işin kutsallığına inanıyorum. Ben yaptığım işe politik belgesel diyorum. Savaşa karşı olduğum için savaş fotoğrafı çekiyorum. Açlığa karşı durabilmek için açlığın fotoğrafını çekiyorum. Ezilmişlerin, haksızlığa uğramışların fotoğrafını çekiyorum."

Buyurun işte Tarlabaşı...

Petek Çırpılı

A white cat at Tarlabaşı...

Tarlabaşı is demolished... This has been a traumatic blow to the old heart of our city. I have been inspecting Ali Öz's Tarlabaşı photos for hours. He spent two years of his life there, witnessing the change with his camera and how it affected the residents of the neighborhood.

These photos belong to an alien world of which I recognise the words but not the language. It somehow seems familiar but, as I skim through the visuals, my interpretations and assumptions fall flat on their faces. There is nothing there that I can be part of with my limited experience of a protected house cat. A little bit of Amores Perros, bit of Biutiful, mostly Ağır Roman. The waves of emotions that swept over me while watching these movies overwhelm me again. It is like a string one end of which is attached to my soul and the other end to them...

While looking at his masterly photos, I feel like a snow white cat in Istanbul; looking over the street from the window of its loving home. There is a lurking feeling inside me that, with a slip of faith, if anything had gone awry in my past, I could have been the cat on the table at that bar posing for the photographer.

Ali Öz has reflected the world he has immersed himself in with a loving detachment. His realistic, unpretentious attitude of a master photo reporter, reflects us the state of things as they are. He strives to keep his own interpretation and emotions out of his photography and leaves it to us to shape our own.

That is the reason why his photos have affected most people so deeply. Some of us said "Aaaa, poor things", some of us scolded these people for being elitists and some only saw the cats. One way or the other, this discussion was useful for it presented all of us an opportunity to understand what the demolition of Tarlabaşı amounted to. I believe that was exactly Ali's intention becuase he said in an interview:

"Why is all the excitement, the hassle? Because I believe in the sanctity of my profession. I call what I am doing 'political documentary'. I shoot war photos because I am against the war. I shoot photos of hunger because that is my way of standing against it. I shoot the unfair treatment of the underpriveleged."

Go through this book and see with your own eyes. Only then you can choose your side.

Petek Çırpılı

İstanbul kendi depremini beklemiyor. İstanbul kendi depremini, tsunamisini yaşıyor. Zemini sıvılaştı, Sulukule, Fikirtepe, Başıbüyük, Tarlabaşı, Taksim obrukları ayağımızın altından halı çekilircesine kayıyor.

İstanbul does not await its own earthquake. It enacts its own earthquake, its own tsunami. The ground is liquidified, Sulukule, Fikirtepe, Başıbüyük, Tarlabaşı, Taksim sinkholes collapse; like a carpet pulled from under our feet.

Burası Mumbai'de gecekondular, Rio'da slamlar, Meksika'da 21 gramlar, Chiepaz'da Marcos'lar... Tüm dünyanın lanetlileri burada, gecelerimizin kabusu, filmlerimizin zombileri, grevlerimizin işçileri burada.

Here are the slums of Mumbai, slams of Rio, 21 grams's of Mexico, Marcos's of Chiepaz... All the condemned of the world are here, nightmares in our sleeps, zombies in our movies, workers in our strikes.

Tarlabaşı'nın ölüme rağmen
yaşam kokan rengarenk kirli
paslı ama hakiki dünyası…
Burada yalan bile hakiki!

Dirty and vibrant colours of
Tarlabaşı that reek of life
despite all deathly odds…
Here even lies are real!

111

Gecenizde klarnet çalan, sigaranızı arabanıza getiren, masanızda göbek atan, çöpünüzü toplayan biziz. Yok edemezsiniz, söküp atamazsınız, gölgeniz, bilinç altınız biziz...

We are the clarnet players in your night, cigarette sellers by your car window, bellydancers on your table, sanitary workers that sweep your trash. You cannot get rid of us, we cannot be dislodged; we are your shadow, your subconcious.

Tarlabaşı'nda her sabah doğulur, her gün işe gidilir, her akşam rakı sofrası kurulur, her gece ölünür.

In Tarlabaşı, one is *born* every morning, one *goes* to work every day, one *sits* at a rakı table every evening and one *dies* every night.

132

133

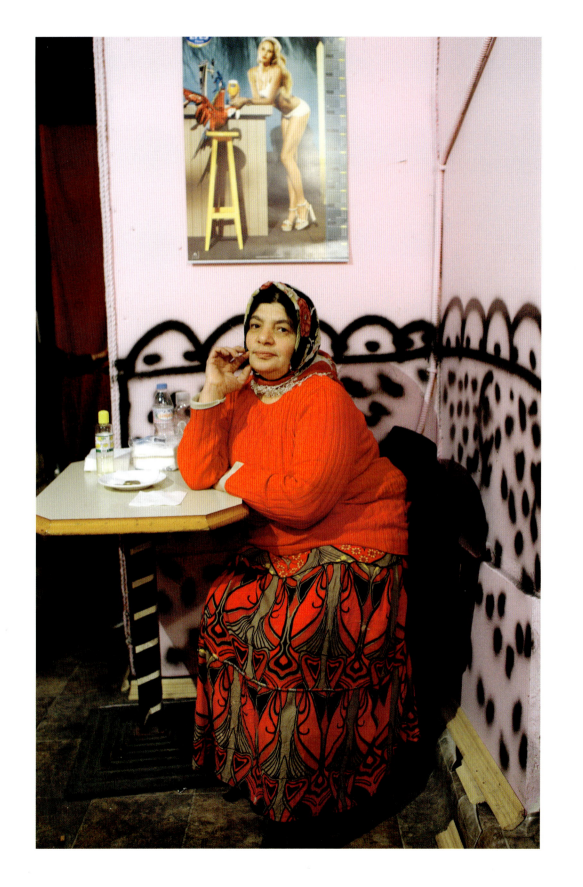

Burada Kürt, Arap, Çingene, ülkücü, devrimci, Süryani, Alevi, Ortodoks, Müslüman, Sudanlı, Nijeryalı, İngiliz, polis, hırsız, katil, kedi, köpek, horoz, travesti hepsi hakiki.

Here Kurdish, Arabic, Roman, idealist, revolutinist, Assyrian, Alevite, Orthodox, Muslim, Sudanese, Nigerian, British, police, killer, cat, dog, rooster, gay are all real.

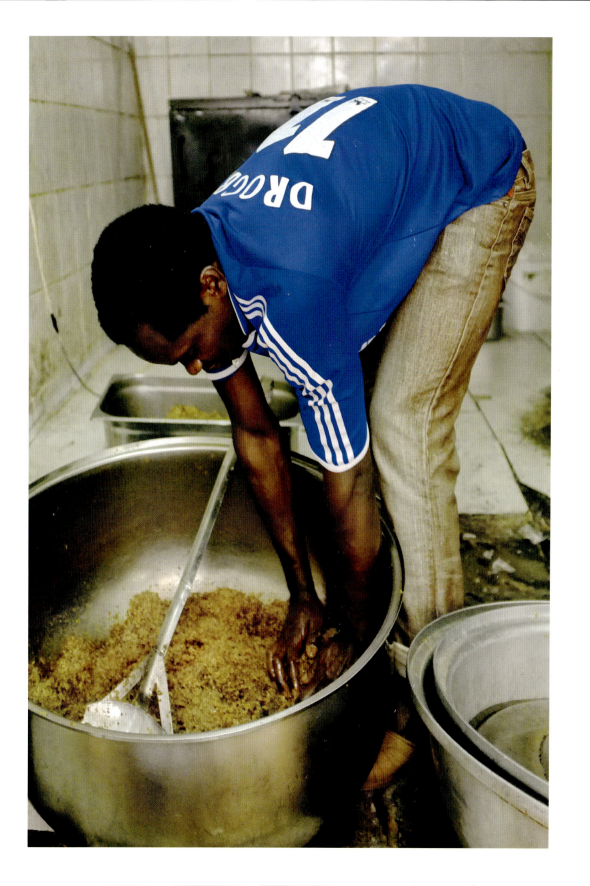

1 Mayıs'ta, Newroz'da hep buradayız. Dövüş kulübünde buluştuğunuz öteki benliğiniz, alter egonuz, sürdürülebilir "organik" insanlığınızız biz. Bazen midye dolma, kokoreç, bazen bıçak, bazen de hakikat yersiniz.

We will always be here at 1st of May, at Newroz. We are your alter-ego that you come across at the Fight Club, your sustainable "organic" human side. Some times stuffed mussels, kokoretsi, sometimes the sharp blade of a knife and sometimes the truth is what you get.

n fotoğraf
çekmecere
koymadınız

ali beyler
hariç

Fotoğraf: Murat Ünal

Fotoğrafa 1979 yılında elindeki kısıtlı para ile edindiği bir makine ve bir agrandizör ile başlayan Ali Öz, Ankara Siyasal Bilgiler Basın Yayın Yüksek Okulu Radyo Televizyon Bölümü Mezunudur. Onu bütün toplumsal eylemlerde, yürüyüşlerde fotoğraf için uygun gördüğü, en iyi açı için seçtiği uygunsuz bir yerde görmüşsünüzdür. Ya yürüyüşü objektife sığdırmak için kürsüye tırmanmıştır, ya bir duvarın tepesindedir. Ve parmağı deklanşörün üstünde, yüzünde incecik bir gülüş… Konuşmayı pek sevmez. Söylemek istediklerini, öfkesini, acısını, sevincini fotoğraflarında, dialarında okursunuz. Fotoğraf onun için "en yakın iletişim aracıdır" çünkü. Bu konudaki düşüncelerini yıllar önce yapılan bir söyleşide şöyle özetlemişti:

"İnsan açlığa katlanabiliyor ama sevgisizliğe, tutkusuzluğa ve amaçsızlığa katlanamıyor. Benim de insan sevgimin odaklandığı en dolaysız ve en somut bir sesleniş aracı oldu fotoğraf sanatı."

Gençlik yıllarında sosyal politika alanında çalışan, kooperatifler ve sendikalarda geçirdiği yıllar kendine özgü görüşlerinin oluşmasında etkin olan Ali Öz, uzun süredir basın fotoğrafçılığına gönül vermiş durumda. "Politik belgesel" diye adlandırdığı türde fotoğraf çekmeyi bir misyon (görev, amaç) edinen Ali Öz'ün Türkiye coğrafyası dışında çektiği fotoğrafları da var. Asya, Avrupa, Afrika ve Amerika ülkelerinde çektiği bu fotoğrafların konusu "çalışan insan, üreten insan, çaresiz insan." Ali Öz bu tutumunu "İnsan sever ve sevdikleri için savaşım verir" sözleri ile açıklıyor.

Yurtiçi ve yurtdışında pek çok sergi açan ve dia gösterisi yapan Ali Öz, fotoğraflarıyla sayısız ödül ve mansiyon aldı.

Sırasıyla Nokta, Güneş, Milliyet, Cumhuriyet, Aktüel, Tempo ve NTV MAG ve Birgün'de çalışmış olan Ali Öz halen serbest foto muhabirliği yapmaktadır.

Ali Öz

He graduated from Ankara Political Sciences Press and Information Collegiate School, Radio and Television Department.

He started to take photograph with a camera and aggrandizer that he had purchased with limited money in 1979. He considered photograph as the nearest communication implement for him, and summarized his feelings in one of the conversation that was made with him many years ago as follows: "The human is able to endure starving, but not loveless, passionless and purposeless. My love to humans focused on Art of Photograph and this became the most indirect and the most concrete instrument for me to call."

In his youth, he worked in social politic areas for many years, the years that he spent in cooperatives and syndicates became a mainspring to establish his unique opinion standpoint.

After that Ali Öz set his heart on press photographer and affected most of his colleagues with his working energy and self-sacrifice. With his words he takes politic documentary photograph and this is a kind of duty for him. For this reason it is possible to see him in every social event in Turkey.

In turn, Ali Öz worked in Nokta, Güneş, Milliyet, Cumhuriyet, Aktüel, Tempo, NTV MAG and Birgün. He has been working as free photographer.

The subject of his photographs that he took where he went with various reasons in countries of Asia, Europe, Africa and America is: Working man, producing man, helpless man, because with his own words "he likes man and he fights for his own battle for the ones that he loves."

He has some exhibitions and dia shows in the country an in abroad.